LE
LIVRE DE L'OFFICIER

Colonel breveté DUBAIL

LE
LIVRE DE L'OFFICIER

CONSEILS ET MÉTHODE

POUR

L'ÉDUCATION ET L'INSTRUCTION MILITAIRES

(Etre utile.)

4ᵉ ÉDITION

PARIS
HENRI CHARLES-LAVAUZELLE
Éditeur militaire
10, Rue Danton, Boulevard Saint-Germain, 118
(MÊME MAISON A LIMOGES)

1903

TABLE DES MATIÈRES

INTRODUCTION

CHAPITRE PREMIER
QUALITÉS DE L'ÉDUCATEUR ET DU CHEF

CHAPITRE II
ARRIVÉE DES RECRUES

CHAPITRE III

ÉDUCATION

CHAPITRE IV

INSTRUCTION

CHAPITRE V

COMBAT

AVERTISSEMENT

Ce travail n'est pas, à proprement par
ler, une œuvre personnelle. L'auteur s'est
inspiré des circulaires ministérielles trai
tant de la question, ainsi que des instruc·
tions spéciales à certains corps d'armée
ou écoles.

Avec l'aide de ces documents et de sa
propre expérience, l'auteur a cherché à
faire ressortir ce que doit être l'officier
comme éducateur et comme chef; il s'est
efforcé de dégager et de présenter clairement une méthode pratique d'enseignement, dont l'expérience (si l'honneur lui
en est fait) démontrera le plus ou moins
de valeur.

Le seul but de cette vulgarisation peut
se résumer en deux mots : *être utile.*

LIVRE DE L'OFFICIER

INTRODUCTION

Education morale et instruction proprement dite. — Le but unique de l'instruction du temps de paix doit être la **préparation** à la *guerre*, et la valeur d'une troupe dépend à la fois de son *éducation morale* et de son *instruction* proprement dite.

Si l'on songe à l'esprit solide de *discipline*, à l'*énergie* nécessaire pour supporter les fatigues et les épreuves journalières en campagne, au sentiment profond du *devoir* et de l'*honneur*, au *patriotisme* ardent qu'il faut à l'homme pour affronter, avec calme et sans hésitation, les dangers du champ de bataille, au *dévouement*, à l'*abnégation* dont il doit faire preuve pour rester inébranlable au feu, on est obligé de reconnaître que l'éducation morale est la partie **essentielle** de cette préparation et qu'elle doit *primer* l'instruction proprement dite.

Que servirait d'avoir d'adroits tireurs, des soldats rompus au maniement d'arme, aux manœuvres et à la marche, si leur valeur *morale* n'était pas à la *hauteur* de leur *instruction* et s'ils devaient **faiblir** devant la fatigue ou le danger? Il n'y a pas d'instruction qui tienne contre la démoralisation.

Bien médiocre serait la valeur d'une troupe dont la discipline ne reposerait que sur la *crainte* des punitions. La plupart des moyens de répression font *défaut* en campagne et c'est sur les sentiments élevés de devoir, d'honneur et de patriotisme **qu'il faut surtout compter** pour maintenir l'ordre et le respect de la discipline.

L'éducation morale occupe donc la *première* place en fait d'instruction militaire ; mais il ne saurait être pour cela question d'amoindrir l'importance de l'instruction proprement dite, qui en est le complément nécessaire et indispensable.

L'emploi du temps doit être réglé de manière à donner à l'une *tous* les développements qu'elle mérite, sans *sacrifier* l'autre.

CHAPITRE PREMIER

QUALITÉS DE L'ÉDUCATEUR ET DU CHEF

Les leçons de l'histoire. — Nous avons toujours été une nation *guerrière*, plus amoureuse de la *bravoure* et de l'*entrain*, de la *vigueur* et de l'*énergie* que de la **science positive** de la guerre.

« Chez les Gaulois, disait déjà Polybe, c'est la valeur, bien plus que le calcul et la raison, qui décide de tout en souverain arbitre. »

Les luttes de l'époque *féodale*, dont il serait puéril de ne pas reconnaître la grandeur à certains points de vue, mais dans lesquelles il fallait surtout être *fort* et *brave* et savoir *frapper* ferme d'estoc et de taille, n'étaient pas **faites pour développer** l'*intelligence* et l'*art militaire*.

Cette épopée nous a transmis l'esprit *chevaleresque*, avec ses qualités et ses défauts, mais aussi une *aversion* marquée pour les études positives, patientes et laborieuses.

Les succès des guerres de la Révolution, l'extraordinaire génie de Napoléon Ier et ses brillantes victoires, en portant à *son apogée* la gloire de nos armes, en *sur-excitant* notre esprit *guerrier*, n'ont pas peu contribué à *fausser* encore l'*esprit mi-litaire* des générations modernes.

« En 1802, dit Jomini, je trouvai l'Europe pleine de fausses idées sur cette science qui décide du sort des empires ; j'avais le sentiment des principes et j'avais à convaincre des militaires qui niaient l'existence de ces principes ; car il y en a un grand nombre qui ne croient pas même qu'il existe des règles de conduite à la guerre et qui sont persuadés que tout l'art consiste à se jeter sur l'ennemi. »

Enfin, la *guerre d'Afrique*, cette merveilleuse *école pratique* pour la troupe et les officiers subalternes, acheva d'accréditer chez nous la **légende** de la *victoire facile*, toute d'audace, d'improvisation et de coup d'œil.

A cette école se forma la majeure partie de cette admirable armée de Crimée qui put *justifier*, dans une certaine mesure, le mot du maréchal de Saint-Arnaud : « *Nous sommes les premiers soldats du monde !* » Grisés par les souvenirs de l'histoire, nous **eûmes le tort** d'en conclure que nous étions la première armée de l'univers.

Il ne fut d'ailleurs nullement question de tirer quelque *enseignement* des conditions *spéciales*, si différentes de la grande guerre, dans lesquelles nous avions remporté la victoire, et nous fîmes, avec la même chevaleresque *insouciance*, en enfants gâtés par la fortune, la campagne de 1859, où la *furia francese* put encore suppléer à la prévoyance et à la véritable science.

C'est vers cette époque que, tout en rendant justice aux *qualités* de nos soldats et à la *bravoure* de nos officiers, on commença à dire à l'étranger que l'armée française **était restée stationnaire**, qu'elle n'était plus à la hauteur de sa réputation. Nous répondîmes à cette accusation par le bruit de nos *faciles* victoires en *Chine*, en *Syrie*, en *Cochinchine* et au *Mexique*, et par un superbe *dédain*. Mais hélas ! « chacun de nos triomphes était un *échec* **pour la science** des armes (1) » ; et nos victoires devaient fatalement nous *conduire* à la défaite, en face d'adversaires méthodiques et prévoyants.

Tandis que nous faisions résider tout le *secret de la victoire* dans l'expérience des *expéditions lointaines* et de la vie en *campagne*, dans la *bravoure* et l'*audace*, une armée, qui n'avait pas tiré un coup de

---

(1) Général Lewal.

fusil depuis cinquante ans et dont nous soupçonnions à peine la forte organisation, prenait, **d'un seul bond**, sa *place* au niveau des *meilleures* armées de l'Europe, montrant ainsi au monde étonné ce qu'on peut obtenir par des études persévérantes et laborieuses et par la force de l'éducation et de l'instruction.

Nos revers de 1870-1871 nous ont brutalement rappelés à la *réalité*, en faisant **sombrer** à tout jamais la *légende* et ses dangereuses erreurs ; nous nous sommes aperçus que, seul au milieu de l'activité humaine, l'art militaire était demeuré *stationnaire* en France. Il fallait, en quelques années, rattraper nos devanciers à pas de géant : nous nous sommes mis résolument à la tâche et nous pouvons déjà *être fiers* du chemin parcouru et des progrès réalisés.

On a compris que « la fertilité de l'esprit, la spontanéité des idées justes, ne peuvent exister qu'avec un cerveau cultivé, sachant beaucoup, ayant l'habitude d'examiner, de comparer, de calculer et de raisonner » (1). Les études *positives* et *laborieuses* de préparation, considérées désormais comme la **source** nécessaire de la

---

(1) Général Lewal.

valeur du chef, ont été remises en *honneur*, et l'armée est devenue *l'image fidèle* de la nation en temps de paix, pour pouvoir s'*assimiler* et *encadrer*, en cas de guerre, l'immense masse des citoyens.

Ainsi ont été réalisées les prophéties du général Morand : « Le temps marche et arrivera où le travail sera en honneur et l'oisiveté honteuse. »

Tout le monde est d'accord pour reconnaître que l'*instruction* militaire, aujourd'hui nécessairement si variée, a pour *base* la **valeur** *intellectuelle* et *morale* des combattants, et qu'à l'armée appartient le noble rôle d'être la **grande école nationale** d'*honneur*, d'*abnégation* et de *patriotisme*.

Cette idée de *développer* les nobles sentiments chez tous les citoyens, d'*élever* les cœurs et de *former* les caractères, au lieu de se *contenter* des dons que la nature avait répartis avec plus ou moins de libéralité, ressemblait d'autant plus à une révolution qu'on l'avait presque toujours *méconnue* autrefois. Ses progrès sont dus aux hommes *convaincus* qui se sont faits les **apôtres** de l'*éducation* morale des gens de guerre et qui ont travaillé sans relâche et sans se laisser détourner du but par les moqueries ou les critiques.

Mais déjà les nombreux prosélytes qu'ils

ont formés font prévoir une victoire complète dans un avenir *très proche*; le scepticisme recule pas à pas et les plus incrédules finiront par se rendre à l'évidence.

Pour le salut et la grandeur de l'armée, il est nécessaire que cette éducation soit *assurée* à **tous les degrés** de la hiérarchie avec le plus grand soin; il est indispensable que l'armée possède des *méthodes* **perfectionnées** d'éducation et d'instruction.

Le chef, éducateur et instructeur naturel de ses subordonnés, doit être un **modèle** parfait : il faut qu'il ait dans le cœur le *culte* de l'honneur et de la patrie *poussé jusqu'au fanatisme*; il doit avoir au plus haut degré et tout à la fois l'esprit d'*obéissance*, de *solidarité* et d'*initiative*, le *respect* de l'autorité et l'*expérience* du commandement, en même temps qu'une *instruction* très étendue et très variée.

Nous allons chercher à préciser cet idéal.

Elévation du cœur. Fermeté de caractère. — L'officier doit à son pays, comme tout citoyen, son *sang* et sa *vie*. Il était à peine besoin de le rappeler et ce serait faire injure à nos camarades que d'insister sur ce point.

Mais les événements peuvent mettre l'officier en face des situations *les plus graves;* il peut même avoir entre les mains les *destinées* de la Patrie : alors le simple dévouement *ne suffit plus,* il faut des vertus *particulières* pour être à la hauteur des circonstances.

L'officier est bien placé par ses fonctions mêmes pour s'y *préparer* en temps de paix : il trouvera dans l'*exercice* de ses facultés, dans ses *méditations* et les *exemples des héros,* les moyens d'arriver à l'**exaltation** du cœur, à la **fermeté** d'âme qui lui seraient nécessaires.

D'ailleurs, la conscience seule de l'*influence,* parfois considérable, qu'il exerce journellement sur l'*éducation,* le *caractère* et l'*avenir* des soldats servant sous ses ordres, est bien de nature à élever ses, propres sentiments, en faisant ressortir à ses yeux l'importance de sa mission.

A cet égard, on peut être certain que les résultats obtenus sont toujours **proportionnés** à l'*ardeur* de la foi dont on est soi-même animé. Donnée du bout des lèvres, l'éducation est *nulle,* tandis que l'énergie des sentiments a une **puissance communicative** extraordinaire. On ne peut impressionner les autres sans ressentir très vivement soi-même.

Il faut à l'éducateur une ardente conviction pour la *faire passer* dans l'âme de ses soldats.

Respect de l'autorité. — L'action du commandement ne peut s'exercer *avec fruit* que s'il existe, à *tous les degrés* de la hiérarchie, un profond **respect de l'autorité,** un *dévouement* absolu.

Or, ces sentiments ne doivent pas être provoqués *seulement* par l'esprit de devoir de l'inférieur; il faut encore que les *capacités* reconnues du chef, que sa *droiture* et sa *loyauté* lui fassent comme une auréole; il faut que ses hautes *qualités* ne laissent subsister *aucun doute* chez l'inférieur, lui **inspirent** *confiance* et **imposent** le *respect.*

C'est à *développer* cette confiance réciproque, secret de la cohésion et de la *puissance* des masses, que nous devons désormais travailler sans relâche.

On a souvent prétendu que le Français était *frondeur* par nature; il n'est en réalité que *prime-sautier.* S'il est **devenu** frondeur, c'est qu'il a souffert trop longtemps de la *privation* de droits légitimes et que, doué d'une intelligence suffisante pour le comprendre, il s'est laissé entraîner à le *manifester.*

Peut-être faut-il de même attribuer, dans l'armée, à l'excessive *centralisation* d'autrefois, à l'absolue *privation* d'initiative, aux habitudes d'*oisiveté* d'une époque déjà éloignée et surtout au *défaut* d'éducation militaire, un certain **esprit de critique** poussé parfois jusqu'au *dénigrement*.

L'oisiveté *affaiblit* et *dégrade* l'intelligence et les sentiments ; le travail **élève** et **moralise**. Nous avons trouvé le remède. Quel est aujourd'hui l'officier qui ne comprend l'influence désastreuse de l'habitude de *critiquer* publiquement les ordres du chef, les dangereux effets de la tendance à *amoindrir* par ses propos le caractère des supérieurs ?

Il est nécessaire, nous le répétons, que la supériorité du chef s'impose *d'elle-même ;* mais il faut que la règle *absolue* pour l'inférieur soit un profond respect de l'autorité.

La *volonté* du supérieur doit toujours **prévaloir**, et, quelque raison que l'on ait de croire qu'il se *trompe*, il n'est jamais permis de *substituer* sa propre idée à celle du chef qui a la responsabilité.

Le respect de l'autorité comprend également la stricte *observation* des règlements. La **recherche** des meilleures *méthodes*, pour arriver plus vite au but et se rapprocher de la perfection, offre une carrière *assez vaste* à l'intelligence et à l'activité de l'officier.

Esprit d'initiative. — Tous ceux qui ont fait la guerre savent combien il est difficile au commandement *d'envoyer*, sur le champ de bataille, des ordres **en temps et lieu**. Cela tient à notre formation et à la *soudaineté* des crises du combat moderne.

Il faudra donc **savoir** *saisir l'occasion* par les cheveux, *sans attendre* d'ordres, et être capable de prendre des dispositions *appropriées* au cas du moment.

L'officier peut se trouver *livré à lui-même*, si le feu couche par terre ses chefs immédiats, sans qu'on ait le temps de *reconstituer* la hiérarchie, et l'esprit *d'initiative* doit être **assez développé** chez lui pour lui permettre de *trouver*, sans hésitation, la *solution* du problème.

C'est pourquoi les exigences du combat moderne font du *développement* de l'initiative, *à tous les échelons* du commandement, la **première** des *nécessités* du temps de paix.

Il faut s'efforcer *d'intéresser* les individualités, les responsabilités, en *indiquant* seulement le *but* à atteindre et en leur **laissant le choix** des *moyens ;* c'est la meilleure méthode pour *obliger* ses sous-ordres à *réfléchir*, à *mettre en jeu* et à *augmenter* les ressources de leur esprit et de leur savoir.

L'amour-propre produit *l'émulation* et

incite à bien faire, la responsabilité *crée* les *capacités*. A chacun sa *part* de responsabilité, de réflexion, de travail et d'autorité pour *développer* l'initiative.

Esprit de solidarité et de confiance mutuelle. — Au *combat*, les hommes, individuellement dans une même unité, les unités entre elles, les différentes armes elles-mêmes doivent **s'entr'aider** avec un entier dévouement et agir dans un but *commun*, qui est la **destruction** de l'ennemi.

C'est aux officiers à *donner l'exemple* de la solidarité par leur esprit de camaraderie. Il faut se **fréquenter** et se **connaître** : la connaissance inspire la *confiance* et bientôt l'*affection*. Point de coterie ni de mésintelligence ; celà produit un effet déplorable sur l'esprit de la troupe.

Mais la *camaraderie* ne doit pas se borner à *l'esprit de corps* ; il est nécessaire que les officiers des *trois armes* s'habituent à se fréquenter dans les garnisons où cela est possible, pour **se préparer** à la *camaraderie de combat*.

L'existence des *cercles militaires* produit, à ce point de vue, les meilleurs résultats, les différents corps d'officiers restant le plus souvent séparés, *faute* de local de réunion.

Tɩès bienfaisante également est l'influence des *manœuvres de garnison*, qui permettent aux différentes armes de se *coudoyer* sur le terrain, de se voir réciproquement *à l'œuvre*, d'apprendre à se *connaître*, à *s'apprécier* et finalement à *s'entr'aider* sans se gêner mutuellement.

Variété des connaissances nécessaires. — Autrefois, le peu de portée et d'efficacité des armes à feu donnait à l'*entrain*, à la *bravoure* et à l'*audace* une importance telle que ces qualités pouvaient, en quelque sorte, *suppléer* à la science réelle. On pensait alors avec raison que le *secret* de la victoire *résidait*, presque tout entier, dans l'art de **surexciter** les troupes et de les **jeter** sur l'ennemi pour l'étreindre corps à corps.

On se présentait d'ailleurs au combat en ordre *serré;* les capitaines étaient *dans* le rang, et de nombreux officiers et sous-officiers, *en serre-file, assuraient* le bon ordre. Il était facile d'enlever la troupe même à la voix pour la porter en avant, et il *suffisait* que soldats et officiers fussent *braves* pour *bien* exécuter les ordres donnés.

Aujourd'hui, la bravoure et surtout le courage froid, le sentiment profond du devoir sont *plus nécessaires* que jamais, en raison de l'*efficacité* du tir des armes actuelles ; mais ces qualités doivent être désormais **appuyées** d'une instruction *solide*. Comment, en effet, faire *coopérer* utilement à l'action générale, sur le champ de bataille, des compagnies *fractionnées* en trois ou quatre parties, des bataillons *morcelés* en six ou huit groupes, si.tous les chefs de ces fractions ne sont pas *affermis* dans le maniement de leur troupe et ne *comprennent* pas l'ensemble des opérations qu'ils voient se dérouler sous leurs yeux, si la troupe enfin n'est pas *assouplie* au point d'obéir même au geste ?

Les difficultés de l'exercice du commandement ont augmenté *à tous les degrés* de la hiérarchie. Autrefois, le commandant en chef pouvait *voir* personnellement les dispositions de l'adversaire et prendre ses mesures en conséquence.

La *distance* à laquelle on commence le combat et l'*étendue* des fronts l'obligent maintenant à se contenter des renseignements *plus ou moins précis*, qui lui sont fournis par les différents moyens de reconnaissance dont il dispose.

Pour développer, autant que possible, les ressources à ce point de vue, tous les officiers montés doivent être fréquemment exercés, dès le temps de paix, à l'*étude* du terrain, à la *reconnaissance* des positions, à la manière de les *occuper*, de les *fortifier*, de les *attaquer* et de les *défendre*. Cette instruction est tellement vaste, qu'il est nécessaire d'y intéresser les *jeunes officiers* eux-mêmes dès le début de leur carrière.

Cette variété des connaissances peut seule mettre l'officier à même d'*exercer utilement* sa part d'initiative dans les circonstances graves et imprévues auxquelles nous faisions allusion plus haut.

Moyens de développer ces qualités. — Les moyens à employer pour *développer* l'éducation militaire de l'officier sont d'autant plus difficiles à *préciser* qu'il n'existe pas de méthode *infaillible*, et que la méthode doit nécessairement *varier* suivant le tempérament du chef et celui de ses subordonnés.

Il est certain que, en matière aussi délicate, le *caractère*, l'*ascendant* personnel du chef jouera un grand rôle. Dans certains corps, des **conférences** sont faites aux officiers par le chef de corps lui-même et par les officiers supérieurs ; les premières séances ont trait à la question de l'*éducation* de la troupe et des *méthodes* à employer : c'est le moment de faire ressortir la *foi ardente* qui doit animer l'éducateur pour lui permettre **d'impressionner** et de **convaincre** ; c'est le moment de combattre le *scepticisme* et d'encourager les officiers dans la *voie* du *travail*, en leur démontrant la nécessité d'études pa tientes pour développer leurs facultés et leur instruction.

Après avoir suivi de près les théories faites à la troupe, on *réunit* encore, de temps à autre, les officiers pour *redresser*, s'il y a lieu, le *défaut* de méthode, signaler les moyens *meilleurs* et *réchauffer*, s'il le faut, le zèle de ceux qui s'abandonnent, en évitant toutefois les personnalités dans ce dernier cas.

C'est sur ces relations *intimes*, qui finissent par établir une *communion* d'idées parfaite, sur l'*exemple* des supérieurs, sur une discipline *ferme* et *bienveillante*, enfin sur des habitudes d'*ordre* et de *travail* que doivent être **basés** le moral et l'esprit de corps.

La force d'*inertie* doit être combattue par le développement aussi complet que possible de l'*initiative* individuelle, dans la limite des règlements. On aura soin de ne pas en **compromettre** le libre exercice par des *critiques* sévères. En laissant à chacun une certaine liberté d'action, il faut s'attendre à voir des *fautes* commises (on en commet *à tout âge*, et, si l'on devait bien faire tout de suite, l'instruction serait du *temps perdu*). C'est par de **sages con-**

seils qu'il conviendra d'*intervenir*, sans *enrayer* l'intelligence ni *paralyser* les facultés de ses sous-ordres.

Ici encore, des réunions *hebdomadaires* seront très utiles pour relever les *fautes* les plus fréquentes, montrer l'évidence des *bons* et des *mauvais* procédés et maintenir l'*équilibre* dans le fonctionnement de tous les services.

Ce qu'on appelle *esprit de corps* est généralement l'œuvre du *chef* de corps qui, donnant lui-même l'exemple, *habitue* ses officiers à se *fréquenter* davantage et à *resserrer* leurs liens de camaraderie. Il dépend également *beaucoup de lui* que ses officiers se lient plus facilement avec leurs camarades *d'autres armes*, et cette fréquentation ne peut qu'être très profitable aux uns et aux autres.

Enfin, les manœuvres de garnison sont *d'excellentes occasions* pour développer la camaraderie de combat : il y aura intérêt à *juxtaposer*, pendant le repos, les éléments d'armes différents, pour permettre aux hommes d'apprendre à *se connaître* et à *fraterniser*.

En matière d'instruction nous avons fait ressortir la *variété* des connaissances nécessaires à l'officier.

C'est à l'*autorité supérieure* à développer graduellement cette instruction. Il n'y a

pas d'autre méthode que celle des **conférences** et des promenades sur le terrain,
sous forme **d'exercices pratiques** sans
troupe.

On pourrait ainsi mettre à profit les
loisirs que laissent aux officiers les première et deuxième périodes d'instruction.

Au début, on pourrait choisir *sur la
carte* (1) des terrains quelconques, pour
y traiter, en conférence, des questions de
service en campagne. Après quelques
séances où le chef de corps et les officiers
supérieurs auraient donné la méthode, il
serait bon de faire successivement *traiter*
par des officiers *de bonne volonté* des
sujets du même genre. A la fin de chaque
conférence, le chef de corps pourrait faire
naître la *discussion* en donnant la parole
aux officiers qui la demanderaient, puis il
indiquerait *lui-même* la solution qui lui
paraîtrait la meilleure.

Des exemples *théoriques*, on passera
aux études *pratiques* sur les terrains
avoisinant la garnison. Les premiers exercices devraient être *précédés* d'une conférence aussi courte que possible, où le
thème serait expliqué sur la carte ou le

---

(1) L'idéal serait d'avoir des cartes suffisamment agrandies pour être murales. Cela existe
déjà dans quelques corps.

tableau noir, le terrain *décrit*, la soluton *donnée*. Puis on distribuerait les fonctions et on se rendrait sur le terrain où chacun des intéressés aurait, sa reconnaissance faite, à *expliquer* sur place les *dispositions* qu'il a été censé prendre. Chaque exercice pratique se terminerait par une *critique*, toujours bienveillante, du chef de corps.

Plus tard, la conférence préliminaire serait *supprimée* et le sujet à traiter donné *sur le terrain* même.

Des exercices *particuliers* (1) pourraient être faits avec les officiers *montés* à des distances *plus grandes* de la garnison.

Ces séances pratiques ne donneraient lieu à *aucun rapport*. Les comptes rendus que l'officier fait chez lui ne peuvent guère être sincères et sont presque toujours considérés comme de véritables *pensums*.

Quant à la progression de ces exercices, elle devrait être aussi *variée* que possible et établie de manière à parcourir, dans l'année, *toutes* les matières de l'instruction.

---

(1) Les exercices **avec cadres**, *à double action, sur le terrain*, sont excellents pour intéresser les officiers, développer leur initiative et les familiariser avec l'emploi du terrain.

CHAPITRE II

ARRIVÉE DES RECRUES

Le jeune soldat. — Son état moral et physique. — Du confortable de la famille à l'installation et au régime sommaires de la caserne, la transition est brusque et de nature à avoir, au début, une influence *fâcheuse* sur l'état *moral* et *physique* de l'homme de recrue.

Au village, à la ville, les camarades n'ont pas manqué de lui parler avec *exagération* des duretés de la vie militaire, des exigences du service et des rigueurs de la discipline.

Le chagrin qu'il éprouve à quitter ses parents s'augmente de *l'appréhension* que lui inspire l'idée fausse de sa nouvelle existence. Son entrée à la caserne lui cause une impression de crainte qu'il ne peut pas toujours dissimuler.

Au point de vue *physique,* les effets, que cette transition brusque peut avoir, sont également à noter. La vie en *commun* et la *promiscuité* quelquefois désagréable de la chambrée, l'*uniformité* de l'ordinaire et, pour quelques robustes appétits, l'*insuffisance* de la ration, les occupations nouvelles si *différentes* des travaux de la ville, les *fatigues* des premiers exercices et quelquefois la *brusquerie* de certains gradés produisent encore des effets fâcheux, contre lesquels il est utile de réagir sans retard.

Devoirs du capitaine et des officiers. — C'est sur cet état moral et physique que le capitaine et les officiers de compagnie *doivent* porter leur *attention* dès les premiers jours.

S'attacher à connaitre les recrues de *vue* et de *nom*, leur *profession*, leur *caractère*, leur *attitude ; distinguer* les timides et les faibles, *encourager* ceux-ci, *relever* le moral de ceux qui s'abandonnent, *réprimer* les brimades avec la dernière rigueur ; montrer à tous que le commandement est *paternel* et que la mauvaise volonté et la négligence bien constatées exposent *seules* aux punitions, tels sont les devoirs des officiers et surtout du commandant de compagnie, à l'arrivée de la classe.

L'ancien soldat guide et protecteur. — Enseignement mutuel. — Avant l'arrivée des recrues, le capitaine fait choix, parmi les anciens soldats, de ceux qui lui inspirent le plus de *confiance* par leur conduite habituelle et leur moralité, et les désigne comme **guides** ou **protecteurs**.

A chacun d'eux, si leur nombre le permet, il confiera une recrue, dont l'ancien sera chargé de *commencer* l'instrucion. Il lui apprendra, sous la surveillance du caporal, à faire son *lit*, à *s'habiller*, à *ranger*, à *nettoyer* ses effets et ses armes; il lui donnera les premières notions des marques de *respect*, de la *hierarchie* et de la *discipline*; il saura le *protéger*, à l'occasion, contre les brimeurs et lui montrera, en revanche, à être *bon camarade*.

Cette application de l'*enseignement mutuel* a produit et produira toujours les meilleurs résultats. Dans ces entretiens familiers entre camarades, le jeune soldat *perd* cette appréhension que lui inspirerait un chef quelconque; il *comprend* mieux parce qu'il ne *craint pas* de poser des questions et de demander des *explications* complémentaires.

Dans les premiers jours, il sera utile, pour éviter des *maladresses* involontaires, de ne laisser sortir en ville le jeune soldat qu'*accompagné* de son protecteur. Celui-ci apprendra à son compagnon à se tenir *convenablement*, à *bien porter* la tenue, à *saluer* correctement ses supérieurs et à *s'effacer* pour les laisser passer.

Ce système vaut mieux que de garder les recrues à la caserne, jusqu'à ce qu'ils soient en état de se conduire seuls.

Malheureusement, le nombre des anciens soldats, appauvri par les employés et par le remplacement des gradés libérés, ne permet pas toujours de donner à chaque recrue un protecteur pour faciliter ses premiers pas. Il faudra donc se résoudre, le plus souvent, à confier deux et quelquefois trois jeunes soldats à un ancien.

Les brimades. — Les *brimades*, ces vexations accompagnées de mauvais traitements qui contribuaient à faire un *épouvantail* de l'arrivée au corps, n'existent plus heureusement qu'à l'état de souvenir dans l'armée française.

Il faut, en tous cas, *réprimer* avec une **extrême rigueur,** la moindre velléité de retour à ces pratiques détestables.

A cet effet, le capitaine ne manquera pas de *rappeler* fréquemment aux gradés et aux hommes, pendant la période qui précède l'arrivée des recrues, que les brimades sont sévèrement *interdites* et que ce sont des actes **de lâcheté** indignes de soldats français. Le devoir de tous est, au contraire, de mettre les recrues en *confiance* et de leur *faciliter* les débuts de la vie militaire, afin d'établir promptement des liens de *camaraderie* entre les jeunes et les anciens soldats.

Dès l'arrivée de la classe, le capitaine fera bien de faire *surveiller*, pendant les premiers mois, les chambrées de jour et de nuit. Les sous-officiers pourront se partager ce service sans trop de fatigue, de manière à ce que la moindre tentative de brimade soit immédiatement réprimée.

On aura soin, en outre, de prévenir les recrues :

1º Qu'ils n'ont absolument rien à acheter, ou à payer à qui que ce soit comme *bienvenue*, *coupe* de cheveux, *première* soupe, *marquage* ou *astiquage* des effets, etc. ;

2º Qu'ils n'ont *pas à payer* à boire aux anciens et encore moins aux gradés. On se montrera *impitoyable* envers ceux qui exerceraient une pression quelconque à ce sujet.

Sollicitude éclairée. — Rien n'inspire la confiance et le dévouement, base de la valeur morale, comme la *sollicitude* du chef pour ses hommes.

Un mot d'*encouragement*, une parole *bienveillante*, de sages *conseils* mêlés à des observations, une *exemption* donnée à propos pour éviter le surmenage, donnent à la troupe une haute idée de la *valeur* et de la *justice* de ses officiers.

C'est grâce à ces marques de sollicitude, dont les hommes s'*exagèrent* toujours l'importance, que s'établissent des liens *solides* entre la troupe et ses chefs.

Dans cet ordre d'idées, le capitaine aura le plus grand soin de **proportionner** le travail des recrues à leur *vigueur* corporelle et de ne chercher l'entraînement que très *progressivement*.

Les contingents actuels contiennent un grand nombre de jeunes soldats *peu habitués* aux exercices physiques et aux fatigues corporelles. Beaucoup d'entre eux ont eu, jusqu'à leur incorporation, des occupations *sédentaires*, soit dans un bureau, soit dans des ateliers surchauffés et sans air. Un travail *excessif* aurait pour effet d'**épuiser** rapidement ces jeunes gens incomplètement formés, qui, ménagés au début, seront, au contraire, dans les meilleures conditions pour développer leur constitution physique.

La sollicitude des commandants d'unités doit constamment être tenue en éveil à ce sujet, de manière à *dispenser*, en temps voulu, de certains exercices les recrues qui ne seraient pas susceptibles d'être soumis au même régime que leurs camarades.

La nourriture. — La première période d'instruction impose à la plupart des jeunes soldats une *fatigue* réelle, capable de les affaiblir au point de les prédisposer aux atteintes des maladies *épidémiques*, si elle n'est combattue par un complément de nourriture.

Le capitaine ne devra donc pas hésiter à *augmenter* la ration de viande et à donner même souvent une ration de *vin*, si la situation du boni permet cette libéralité.

Il sera bon, à ce sujet, d'appeler l'attention des commandants de compagnie sur les points suivants :

L'homme a droit à la nourriture, non seulement à la ration *fixée* à tant de grammes, mais bien à celle qui lui est *nécessaire* pour vivre et se bien porter.

En un mot, il faut que l'homme *mange à son appétit*, si l'on veut exiger de lui un travail soutenu.

Trois ou quatre jours après l'arrivée des recrues, les commandants de compagnie devront s'enquérir auprès de chaque jeune soldat si la ration est *suffisante* et, s'il répond négativement, ils augmenteront la ration réglementaire d'une quantité à apprécier suivant la nature de l'homme. Mais il faudra que l'homme ainsi favorisé *mange tout*, sans qu'il ait la liberté de ne prendre que ce qui est à son goût et de jeter le reste.

Une expérience de plusieurs années permet de donner les renseignements suivants :

Sur un effectif de 65 recrues par compagnie, 8 à 10 demandent une *demi-ration* supplémentaire, 3 ou 4, une *ration entière* et enfin 1 ou 2 hommes par bataillon demandent *deux* rations de supplément.

Au bout d'un mois et demi à deux mois, ces chiffres sont réduits de *moitié* pour disparaître ensuite à peu près complètement.

On forcera donc, en conséquence, les quantités de denrées à prendre, la différence étant à la charge du boni.

D'ailleurs, l'excédent de dépense se compense presque, en tenant un contrôle *exact* des hommes ne vivant pas à l'ordinaire.

Les théories et les exercices. — Le travail comprendra journellement des *théories* et des *exercices*, dans lesquels on s'efforcera de mener *de front* les différentes parties de l'éducation et de l'instruction, en ayant soin de ne pas tenir l'attention des hommes *trop longtemps* en éveil et de ne pas arriver, dans les exercices, jusqu'à la fatigue.

Les séances de théorie seront de *trois quarts* d'heure au plus, avec deux ou trois repos ; la durée des exercices sera basée sur la saison et le climat et variera entre *une* heure et *deux* heures. Une heure d'exercice en hiver, avec deux repos, sans compter le temps de l'aller et du retour, semble une juste mesure. Rien n'empêche d'ailleurs, surtout si l'exercice a lieu dans la cour de la caserne, de faire *alterner* les séances de théorie avec les pauses d'exercice.

Quand le mauvais temps aura *nécessité* une théorie dans les chambres, on aura soin de profiter des *éclaircies* pour descendre dans la cour et faire l'exercice.

Nous verrons plus loin le soin que l'on doit avoir à *varier* les sujets des théories et les programmes d'exercices ; le mélange des séances vient ajouter encore à cette variété des matières, seule méthode pratique pour tenir en *éveil* l'attention des hommes et leur faire prendre intérêt à l'instruction.

Une des tendances les plus fâcheuses est celle qui consiste, sous prétexte de forcer à servir, à faire assister les cadres à *toutes* les séances d'instruction. La présence continuelle de tous les officiers aux exercices de détail *relègue* au second plan le sous-officier et développe chez lui *l'indifférence*, *l'ennui* et la *paresse*.

On semble oublier que les cadres et surtout les officiers ont besoin, de temps à autre, de quelques moments de *loisir* pour se *reposer*, pour *revoir* leurs règlements, pour *travailler* à augmenter la somme de leurs connaissances, pour se tenir au *courant* des questions du jour.

On oublie aussi que les guerres futures devant être vraisemblablement très meurtrières, les unités de première ligne verront en quelques instants *tomber* la plus grande partie de leurs officiers, précisément au moment où le succès dépendra parfois d'un *nouvel* et dernier effort.

Il est de la plus haute importance que, même à ce moment, le commandement demeure **assuré,** et il ne pourra l'être que s'il existe, dans chaque compagnie, un certain nombre de sous-officiers *capables* de prendre, le cas échéant, le *commandement* des fractions privées de leur chef.

Il ne suffit pas, dès lors, d'exiger du sous-officier, en temps de paix, les connaissances *nécessaires* à son grade; il faut le préparer à *remplir* l'emploi du grade *supérieur*, et le meilleur moyen est de faire appel à son amour-propre, d'encourager son initiative en lui fournissant les moyens de la développer, en l'affranchissant de la tutelle dans laquelle on l'a tenu si longtemps.

On agira donc sagement en ne faisant assister aux séances d'instruction que le nombre de gradés **strictement** *nécessaire*. Il suffira quelquefois d'un officier et souvent même d'un seul sous-officier pour la surveillance générale. C'est rehausser singulièrement la situation des sous officiers et leur donner une preuve de confiance, qu'ils s'*efforceront* de mériter, que de les laisser quelquefois abandonnés à eux-mêmes devant la troupe.

Cela n'implique d'ailleurs nullement l'abdication de la surveillance de la part des officiers et du capitaine, dont le devoir est de se rendre *journellement* sur le terrain, à des heures différentes, pour se rendre compte de la méthode employée et des progrès accomplis. Nous verrons plus loin que la présence d'un officier au rassemblement de départ sera nécessaire dans les débuts de l'instruction pour bien préciser le programme du jour et la manière d'enseigner les mouvements nouveaux.

La première punition. — Les *conseils*, les *observations* faites à propos, une simple *réprimande*, un appel à l'*amour-propre* sont des moyens que le capitaine et les officiers emploieront le plus longtemps possible **avant** de punir.

La *première* punition a une influence énorme sur l'esprit du jeune soldat. Infligée souvent à la *légère*, à une époque à laquelle l'homme n'est pas encore *familiarisé* avec ses devoirs, ne se fait pas une idée *exacte* des exigences de la discipline, elle produit le *découragement* et *l'abandon*.

Le jeune soldat n'a plus *sa page blanche*, il fait moins d'efforts pour éviter les punitions.

Dans certains corps de troupe, le chef te corps se fait *présenter* tout homme auquel une première punition vient d'être infligée. Il *interroge* cet homme et, s'il croit reconnaître qu'il n'a pas eu bien conscience de la faute commise, il *lève* ou *réduit* la punition et renvoie l'homme après quelques remontrances. Ce système a produit et produira toujours les meilleurs résultats.

L'exercice du droit de punir. — Le droit de *punir* est l'une des attributions les plus délicates du commandement. Pour bien l'exercer, il faut du *sang-froid*, du *jugement* et de l'*expérience*.

C'est une erreur de croire que l'on fait *preuve* de zèle, d'activité et de vigilance en infligeant de *nombreuses* punitions; c'est même souvent la preuve du contraire, car celui qui punit beaucoup n'a pas su prévenir.

Les jeunes officiers, les jeunes gradés surtout, ont plus de tendance que les anciens à avoir la main un peu lourde (c'est dans la nature humaine); ils devront se *défier* de leur premier mouvement.

Un excellent conseil à leur donner est le suivant. Quand une faute se commet sous vos yeux, ne *fixez* jamais le **nombre** de jours de durée de la punition; dites à l'homme : « Vous serez consigné » ou « Vous serez puni de salle de police », suivant la nature de la faute. Prenez ensuite le *temps* de la réflexion pour porter la punition à sa juste valeur avant de rendre compte.

Cette méthode, à laquelle le règlement ne s'oppose nullement, devrait être *imposée* à tous les sous-officiers.

S'il est encore une chose qui influe sur l'esprit de *discipline* d'une compagnie, c'est le soin que met le capitaine à se *renseigner* sur les punitions figurant sur la situation-rapport soumise journellement à sa signature. S'il a l'habitude d'**entendre** à la fois celui qui a *prononcé* la punition et l'homme *puni*, il saura, le cas échéant, rappeler à ses subordonnés aussi bien la somme de leurs *droits* que celle de leurs *devoirs* et préviendra tout abus d'autorité pour l'avenir.

Rien n'est, en effet, plus pernicieux que les punitions *mal données*. Sans compter les réponses inconvenantes qu'elles *provoquent*, et qui donnent une certaine gravité à la faute initiale, elles mettent le commandement dans l'alternative de *lever* la punition, au **détriment** du *prestige* et de l'*autorité* de celui qui a puni, ou de la *maintenir* quand même, en raison de cette dernière considération, qui, cependant, ne devrait jamais entrer en ligne de compte. Dans ce dernier cas, l'effet produit est tout aussi *fâcheux*, les hommes sachant admirablement apprécier entre eux les injustices et les défauts de mesure.

On ne saurait donc trop conseiller aux officiers et aux gradés le *sang-froid* et la *prudence*; au capitaine, la signature de la situation-rapport journalier à la *caserne*, afin d'avoir *sous la main* les gradés et les hommes qu'il désire **interroger.**

Au nombre des habitudes les plus funestes, il faut ranger celle qui consiste à signer la situation au *café*. On est dérangé par l'arrivée du sergent-major; on s'empresse de donner, **sans examen,** quelques signatures à ce comptable, sur l'esprit duquel, entre parenthèses, cette manière d'exercer un commandement

produit un effet *déplorable;* il s'empres-
sera, n'en doutez pas, d'imiter son capitaine dans sa petite sphère.

CHAPITRE III

ÉDUCATION

Caractère d'une éducation complète. — L'éducation morale du soldat sera complète s'il connaît ses devoirs envers la *patrie* et la haute mission qui lui incombe comme *soldat*, s'il est animé, au plus haut degré, des sentiments de *patriotisme*, *d'honneur*, de *devoir*, de *courage* et d'*abnégation* qui lui communiqueront l'énergie nécessaire pour *supporter* les fatigues et les épreuves de la guerre, qui lui inspireront le **mépris** de la *mort*.

Traités d'éducation et placards muraux. — Les *manuels* d'éducation morale ne manquent pas; il est plus difficile d'en trouver de réellement *pratiques*. La plupart se contentent d'être des recueils de pensées et de sentiments élevés avec anecdotes à l'appui; il en est peu qui soient basés sur une méthode *rationnelle* d'enseignement.

Le caractère d'un bon traité d'éducation doit être, d'abord, de **distinguer** nettement la formule *précise*, la *définition* qui doit rester gravée à peu près littéralement dans la mémoire, des *explications* données comme *développements* de l'idée concise de la définition. Ces développements servent de sujets de lecture ou mieux de *thèmes* aux entretiens de l'officier ou du gradé avec ses hommes, et ces commentaires sont eux-même *complétés*, s'il y a lieu, par des exemples tirés de l'histoire.

Mais, en matière d'enseignement, il est toujours utile de *frapper* l'imagination par les **yeux**, en même temps que par les *oreilles;* on y arrive au moyen de *placards* muraux reproduisant le sujet de la théorie, la définition, avec des caractères lisibles *de loin* pour l'ensemble des hommes (1).

Conseils sur la méthode à employer. — L'existence du traité méthodique et des placards rend la tâche du conférencier extrêmement simple.

Le fait d'être chargé d'une théorie sur l'éducation implique un travail *préalable* avec l'aide du traité. Il faut que l'officier soit *sûr* de son sujet, qu'il se soit inspiré des développements du livre ou d'autres documents.

---

(1) Ces placards sont en usage dans plusieurs corps de France et d'Algérie; leur emploi donne d'excellents résultats.

Le moment de la théorie venu, il réunit ses hommes dans une chambrée et fait *afficher* le placard se rapportant **au** sujet du jour.

Supposons qu'il s'agisse de la *patrie*.

L'officier fait **lire** à haute voix par l'un des hommes la *définition* sur le placard ; il prend ensuite la **parole** pour *développer* cette grande idée, en *utilisant* les commentaires de son traité, qu''il **complète** par les *inspirations* de son propre cœur et, s'il y a lieu, par des exemples *historiques*.

Il s'interrompt souvent pour *interroger* ses hommes et pour voir s'il est *suivi* dans ses explications ; il les prévient en terminant qu'ils seront *interrogés* le lendemain et jours suivants sur la même matière, et il passe, après un repos, à un autre sujet. Il fait, par exemple, afficher le placard de *l'armée*, et il procède comme précédemment.

Les théories sur l'éducation. — La *variété* dans les théories est absolument nécessaire pour *entretenir* sans fatigue, et pour *captiver* l'attention des hommes.

En matière d'enseignement moral comme d'instruction proprement dite, il vaudra toujours mieux traiter le même sujet, faire le même mouvement en dix séances de quinze minutes par exemple, qu'en une seule séance de cent cinquante minutes. La *perfection* ne s'obtient qu'après une **longue** *pratique ;* l'insistance sur le même sujet n'a d'autre résultat que de provoquer la *lassitude* et *l'ennui.*

Dans une même séance de théorie, d'une durée variant entre une demi-heure et trois quarts d'heure, il sera possible de traiter *deux* ou *trois* sujets, quitte à y revenir les jours suivants ; on pourra encore, dans la même séance, accorder quelques instants au tir ou au service des places, etc.

Mais les placards qui ont servi de thèmes à l'enseignement moral **resteront** *affichés* dans les chambres pendant *plusieurs* jours de suite, et chaque chambrée devra avoir les siens (ou le sien), de manière à ce que les hommes les aient *constamment* sous les yeux, qu'ils en *parlent* entre eux et que les définitions leur entrent, presque *malgré eux,* dans la tête.

Chaque jour, à la théorie, on *reviendra* sur ces matières en s'attachant à interroger les *retardataires,* ceux qui éprouvent le plus de difficulté à comprendre et à retenir.

La manière d'interroger a une grande importance sur les progrès des hommes.

Une fois la question posée aussi *claire-ment* que possible, on laissera le jeune soldat s'exprimer *librement*, à sa manière, en évitant avec soin et en **réprimant** toute *plaisanterie*, toute *moquerie* capable de le *froisser* ou de l'exposer à la *risée* de ses camarades et, par suite, de le *rendre* **muet** pour l'avenir en *l'intimidant*.

Les causeries sur l'éducation morale ne devront pas se borner aux seules théories dans les *chambres*. Tout doit être matière à observations de la part de l'officier et des gradés, à réflexions de la part des hommes ; peu importe le *lieu* et la nature de l'exercice, on trouvera toujours *l'occasion*, au service en campagne ou pendant les marches, de revenir sur les sujets d'éducation morale déjà traités : c'est le seul moyen d'arriver à *faire parler* les hommes.

Sélection. — Il existe toujours, dans un même peloton, dans une même section, des hommes *plus intelligents* que leurs camarades ; il sera bon d'en faire une classe *à part* avec laquelle l'enseignement moral pourra marcher *plus vite* ou comporter de plus grands développements.

On aura soin de faire des séances *sup-plémentaires* pour les intelligences les plus *paresseuses*. Il sera même très avantageux, au bout de quelque temps, de pratiquer à leur égard *l'enseignement mutuel,* en employant les soldats qui se sont distingués par la rapidité de leurs progrès.

Le capitaine doit dresser ses cadres. — Il y a toujours *loin* de la théorie à la pratique : il suffit de *lire* ce petit traité pour comprendre la méthode à employer, mais sa mise en pratique exige une certaine *expérience.*

Le devoir du capitaine est de **former lui-même** ses *officiers* en prêchan d *exemple.*

Les premières théories seront donc faites par lui-même, à toute la compagnie, en *présence* des officiers qui s'inspireront de sa manière d'opérer. Quand ceux-ci feront à leur tour la théorie à leurs unités, le capitaine y *assistera* quelquefois pour se rendre compte de la méthode employée et des progrès réalisés. Les sous-officiers eux-mêmes *se formeront* à cette école et seront plus tard en mesure d'être les *éducateurs* de leurs hommes.

CHAPITRE IV

INSTRUCTION

Caractère d'une instruction militaire complète. — Pour que l'instruction proprement dite du soldat soit complète, il faut :

1° Savoir *manier* avec aisance et facilité son arme isolément ou en troupe ;

2° Savoir *apprécier* les distances du tir *individuel* et être adroit au *tir* à toutes les distances ;

3° Savoir *utiliser* les accidents du sol, *manœuvrer* et *obéir* aussi bien au geste qu'à la voix ;

4° Etre *rompu* à toutes les fatigues et surtout à la marche ;

5° Etre capable de *franchir*, armé et équipé, tous les obstacles : haie, mur, fossé, etc. ;

6° *Connaître ses devoirs* tels qu'ils sont définis dans les services intérieur, des places et en campagne.

Le soldat doit être, en un mot, capable de *faire face* de lui-même à *toutes* les situations qui peuvent se présenter en garnison ou en campagne.

Son instruction sera parfaite et le soldat

sera un sujet *d'élite* s'il sait *conduire* une patrouille, *diriger* ses camarades sur la ligne de combat et les *entraîner* au besoin ; s'il peut, en résumé, *remplacer* le caporal.

Quant à l'instruction d'ensemble de la troupe, il faut, en dehors de l'énumération qui précède, pousser *l'assouplissement* des groupes aussi loin que possible, de manière à se rassembler, à passer d'une formation à une autre sur un simple geste. La troupe doit savoir profiter d'elle-même des accidents du terrain, et comprendre, au signe, la pensée du chef. C'est ce qui s'appelle *avoir son monde dans la main*.

Caractère d'une bonne progression. — La progression doit être basée sur la *saison* et le *climat ;* il ne serait pas rationnel, en effet, d'employer les mêmes moyens en décembre et en juillet, à Dunkerque et à Alger.

Comme il est encore impossible de *prévoir* à l'avance le beau et le mauvais temps, les prises d'armes inopinées, les revues, les inspections, etc., il est essentiel que la progression *évite* de fixer, séance par séance et jour par jour, les articles du règlement à exécuter. Un tel programme serait forcément *impraticable*.

Tout en faisant *marcher de front* les différents services, la progression doit se borner à **fixer** les *grandes lignes*, les **principes,** et comprendre un certain nombre de jours sans *détailler* par séance ; c'est au capitaine qu'il appartient d'en suivre et d'en régler l'éxécution *journalière*, en se rendant aux exercices à des heures variables, pour s'assurer que ses prescriptions sont observées et pour constater les progrès réalisés. Cet examen quotidien lui permettra de *régler* le travail du *lendemain* sur les *progrès* **du jour,** de manière à ce qu'une fois un mouvement bien connu, on n'y revienne que le temps nécessaire pour en *entretenir* la pratique.

Il serait inepte, dans l'établissement d'une progression, de suivre, *article par article*, la suite des matières de la théorie. C'est logique dans un règlement qui a, pour la clarté de l'exposé, *groupé* ensemble les mouvements se rapportant à la *même formation ;* ce serait absurde dans l'exécution, où l'instructeur serait conduit à tenir, par exemple, des séances *entières*, sa classe de *pied ferme* pour les à droite ou à gauche, les demi-tours, les alignements, etc., avant de la mettre en marche. On a soin de faire *alterner* la marche et les mouvements de pied ferme ; la progression doit le permettre.

Quant à la durée des séances, nous

avons dit déjà que, suivant la température, elle doit varier de *une* à *deux* heures de séjour *effectif* sur le terrain d'exercice, coupee par des repos suffisamment fréquents pour ne pas arriver à la fatigue.

On aura soin de *varier* les matières d'une même séance : gymnastique d'assouplissement ou d'application, instruction du tir, maniement d'armes, marche, exercices de combat, jeux, etc.

Les séances de rang serré seront relativement **courtes :** quand on a fait pendant une heure des mouvements de l'école de compagnie ou de bataillon, c'est *très suffisant* et il serait plutôt nuisible de *continuer*, parce qu'il serait difficile de maintenir plus longtemps la *perfection* de l'éxécution.

Mais il faut que, pendant cette heure, on ait **exigé** et **obtenu** une *immobilité* et une *correction* de mouvement absolues.

Il existe un certain nombre de mouvements qui peuvent être *éliminés* des séances de la place d'exercice. Ainsi, la marche *par quatre* s'emploie, dès les premiers jours, pour conduire les recrues à un endroit quelconque. Si le gradé chargé de les conduire leur donne quelques minutes d'explication à *chaque* rassemblement pour l'exécution du mouvement, il sera inutile de revenir sur ce mouvement à l'exercice.

La *formation* et la *rupture des faisceaux* seront de même enseignées par le fait même des repos. On profitera de l'*aller* et du *retour* pour exécuter tout ce qui peut se faire sur les routes et chemins, pour faire mettre *l'arme à la bretelle* et exécuter les mouvements de la *colonne de route*, etc.

Dès qu'il sera possible, on consacrera quelques instants, à la fin de chaque exercice, aux mouvements *d'ensemble*.

On aura soin de donner, dans la progression, une part convenable aux jeux.

Méthode individuelle. — La perfection ne s'obtient que *très progressivement* et par une **longue** *pratique;* vou oir insister sur le même mouvement jusqu'à parfaite exécution avant de passer à un autre ne produit que la *lassitude* et l'*ennui* au lieu du progrès. Il vaut donc mieux revenir dix fois pendant cinq minutes sur la même matière que d'insister cinquante minutes de suite sur son exécution Telles sont les idées qui doivent *dominer* la méthode à employer (1).

La méthode dite *individuelle* devenue réglementaire est celle qui, jusqu'à ce

______

(1) Ceci a déjà été dit au sujet des théories sur l'éducation; mais ce principe a une telle importance qu'on ne craint pas de le répéter.

jour, a produit les meilleurs résultats ;
son emploi est fort simple. L'instructeur
est placé devant une classe aussi *réduite*
que possible : s'agit-il d'apprendre le mouvement de l'arme sur l'épaule droite ? Il
montre pratiquement la manière d'exécuter le mouvement *complet*, puis il revient
à la *première* partie du mouvement, en
bornant ses explications au strict nécessaire. Il prescrit ensuite, *sans commandement*, aux recrues, d'exécuter d'*eux-mêmes*
cette partie, de revenir l'arme au pied et
de recommencer sans autre avis, pour se
perfectionner. Pendant cette manœuvre
individuelle, il passe devant le rang et
rectifie successivement les positions. Il
opère de même pour les seconde et troi-
sième parties du mouvement et pour la
réunion de ces trois parties ; mais il
n'insiste pas trop et *passe* assez rapidement à autre chose, quitte à revenir bientôt sur le mouvement. La *variété* dans les
matières est une des conditions *essentielles*
de réussite, parce qu'elle intéresse sans
lasser l'attention.

Cette méthode individuelle s'applique à
tous les mouvements de l'école du soldat,
aussi bien aux mouvements de *pied ferme*
qu'en *marchant*. Pour cette dernière caté-
gorie, l'instructeur *fixe* à sa classe le terrain à parcourir, pour ne pas *se mêler* aux

classes voisines, se tient au centre et rectifie de sa place ou se porte près de l'homme auquel il s'adresse ; puis il commande *rassemblement* quand il veut passer à une autre matière.

Il doit être absolument interdit aux instructeurs de *débiter* le texte de la théorie ; c'était l'ancien système et c'est du *temps perdu*. Il est nécessaire que l'instructeur connaisse sa théorie pour être à même de s'exprimer dans un *langage réglementaire* et pour bien connaître l'exécution correcte des mouvements ; mais il est suffisant que les recrues voient d'abord *grosso modo* la manière pratique d'*arriver* à cette exécution, puisqu'ils sont incapables de donner autre chose qu'un *à peu près ;* la perfection ne vient ensuite qu'à *force* de rectifications.

L'ancienne méthode avait le grave défaut de *fatiguer* inutilement les recrues et d'exiger *beaucoup* de temps pour l'instruction de détail. L'instructeur *récitait* la théorie et *exécutait* en même temps le mouvement. Il *conservait* la position du mouvement à exécuter, et faisait le *commandement* que les recrues exécutaient tant bien que mal en le regardant, puis il rectifiait successivement toutes les positions tandis que les recrues restaient *immobiles ;* c'était une perte de temps et une fatigue bien inutiles. L'instructeur passait ensuite au mouvement suivant, de sorte que, dans le temps que cette méthode employait pour faire exécuter **une seule fois** chaque mouvement, la méthode individuelle permet aujourd'hui de le faire exécuter **dix fois.**

Préparation des cadres d'instruction. — Le capitaine doit *profiter* de la période de repos relatif existant *entre* le *départ* de la classe et l'*arrivée* des recrues pour **préparer** ses instructeurs, si toutefois des convocations de réservistes ou de territoriaux ne viennent pas le gêner à ce moment même. Il désigne non seulement ses *gradés* disponibles, mais encore tous les anciens soldats *capables* de donner l'instruction ; il importe en effet de former le *plus grand nombre* de classes possible, afin de diminuer le nombre de recrues confiées à chaque instructeur.

La préparation de ces instructeurs est très importante, car c'est d'elle que dépendent en partie l'*uniformité* de la méthode d'instruction et la *rapidité* des progrès de la compagnie.

Cette préparation se fait au moyen de *théories pratiques* dirigées par les officiers de peloton. La meilleure méthode est de grouper les instructeurs par grade et *deux par deux*, représentant à tour de rôle, l'un l'instructeur et l'autre la recrue, et de passer ainsi en revue les différentes parties de l'école du soldat. Quand les sous-officiers connaissent bien la méthode, ils *partagent* avec leur officier la *surveillance* et la *direction* des instructeurs du grade de caporal et de soldat.

On agit d'une manière analogue pour les *théories* sur les différents services, et on s'assure que les instructeurs *possèdent* bien leurs règlements.

Permanence et attitude de l'instructeur. — Une des conditions indispensables de la *rapidité* des progrès est la **permanence** de l'instructeur. Le gradé ou même le soldat, qui a toujours les mêmes recrues à instruire, les connaît, s'y *attache*, se prend d'*émulation* et cherche à obtenir un *meilleur* résultat que le voisin.

Quant à son *attitude*, il est de la plus haute importance qu'elle soit toujours *absolument* **correcte** et **militaire**. C'est sur lui que les recrues prennent *modèle* et ce modèle doit être parfait. La négligence dans la tenue ou l'attitude de l'instructeur a des effets de *contagion* désastreux.

Ainsi donc, que cet instructeur porte des gants s'il fait froid, mais pas de main dans les *poches*, et que la position soit toujours exempte de toute irrégularité. Il y a intérêt à autoriser les sous-officiers, qui ne font que *surveiller,* à ne pas porter leur fusil.

Il est presque inutile d'insister sur la nécessité de ne pas *brusquer* les recrues, de les traiter avec *douceur,* à moins de mauvaise volonté certaine.

La brutalité ne fait que *désorienter* les hommes et les priver de leurs moyens pour exécuter les mouvements prescrits.

Sélection. — La présence, dans une même classe, d'hommes de |recrue *inintelligents* **nuit** aux *progrès* des camarades à l'esprit plus éveillé. Au bout de deux ou trois jours, il y aura lieu de constituer, par *sélection,* une classe de maladroits qu'on instruira à part.

Si le nombre des instructeurs le permet, chaque section aura sa classe de maladroits; dans le cas contraire, on n'en formera qu'une par peloton ou même par compagnie.

Dans certains corps. on a obtenu d'excellents résultats en créant encore une classe intermédiaire, de manière à avoir les *maladroits,* les *bons* et les *très bons* soldats. C'est, en effet, une manière de produire l'**émulation** entre ces différentes catégories; mais, avec de faibles effectifs, cette mesure offre l'inconvénient de *mé-langer* les recrues des sections et pelotons, de sorte qu'elle ne semble réellement praticable qu'avec les effectifs renforcés.

Conseils aux instructeurs avant chaque séance d'exercice. — Dans les premiers mois de l'instruction, on aura soin de *réunir* les instructeurs *avant* chaque séance d'exercice, pour leur en dire le *programme* et leur expliquer ou leur rappeler la *manière* de procéder dans l'enseignement des mouvements nouveaux faisant partie des matières du jour.

Surveillance du capitaine. — Il a déjà été question (page 33) de la sollicitude que doit avoir le capitaine pour ses hommes.

Sa *présence* fréquente aux rassemblements et aux exercices lui permettra de *régler* le travail de chacun suivant ses forces physiques. Il veillera à ce que, pendant l'hiver, on n'échauffe pas les hommes jusqu'à la transpiration et, quand le froid sera trop vif, il n'hésitera pas à faire faire l'instruction dans les chambres, au moins une pause *sur deux*.

Sa préoccupation constante doit être que la méthode indiquée par lui soit *uniformément* employée et que *chaque* jour marque un progrès *nouveau*.

Il fera comprendre aux instructeurs qu'il est impossible *d'obtenir*, dès le début, *l'immobilité* absolue et qu'il est, par suite, inutile de l'exiger sous prétexte de discipline : l'immobilité, comme la perfection d'exécution, est le résultat d'un entraînement *progressif*. Il faut, au commencement, réduire autant que possible les fatigues et ne demander que ce qui est *juste* et *raisonnable;* mais il faut l'exiger *complètement*.

En toute occasion, le capitaine *montrera* l'intérêt qu'il porte au soldat et lui *prouvera* qu'il n'est animé que par le sentiment du *devoir*; c'est le **meilleur** moyen *d'assurer* la discipline.

Conseils sur la manière d'exécuter certains mouvements de la gymnastique et de l'école du soldat. — Par suite de la *transformation* des conditions du travail dans la société moderne, de *l'abandon* progressif du travail *agricole* et familial pour le travail *industriel* en commun, les recrues nous arrivent, en général, insuffisamment développées et peu préparées à l'activité militaire.

Aussi, la vie du régiment, la vie de *plein air* est-elle, pour la plupart de ces jeunes gens, une véritable cure hygiénique, qu'il est du devoir des instructeurs militaires de compléter, en formant leur corps par une éducation physique *méthodique* et *rationnelle*.

La société nous les donne au bon moment, car le système *osseux* achève son développement vers 25 ans, et le système *musculaire* vers 30 ans ; enfin, la capacité vitale *pulmonaire* croît jusqu'à ce même âge de 30 ans.

Gymnastique d'assouplissement et d'application. — La gymnastique d'**assouplissement** comprend :

1° Des *mouvements* simples et combinés des bras et des jambes, sans et avec armes ;

2° Des exercices d'*équilibre* sur la poutre ;

3° La pratique des *coups de poing*, de *pied* et leurs *parades* (ancienne boxe), et le lancement du boulet ;

4° Des exercices de *suspension* et *d'appui* à la barre, à l'échelle, aux perches et aux cordes doubles ;

5° Des *sauts* et des *courses ;*

6° Des mouvements du *tronc* sans et avec armes ;

7° La pratique des *jeux ;*

8° Des mouvements *respiratoires.*

Le règlement très complet sur l'instruction de la gymnastique indique d'une façon détaillée la méthode à appliquer.

Il convient cependant d'appeler particulièrement l'attention sur la nécessité de pratiquer toute l'année les exercices d'assouplissement et d'application.

Exécutés *journellement* au début, concurremment avec l'école du soldat, ils *assouplissent* l'homme de recrue, assurent son *développement* musculaire et le *préparent* aux exercices militaires, en lui donnant le sentiment de la coordination des mouvements.

Plus tard, on fera bien de pratiquer encore les exercices d'assouplissement *deux* ou *trois* fois la semaine, pendant 10 à 15 minutes, pour activer *l'élimination* des déchets de combustion du travail, pour *assouplir* les articulations et les muscles raidis par de longues marches, pour *redresser* le soldat et *contrebalancer* l'influence du port du sac, qui tend à courber l'homme, à lui faire porter les épaules en avant et rentrer la poitrine.

Les *courses* comprennent :

1° Des courses de *résistance sans sac*, d'une durée progressive d'une à quinze minutes ;

2° Des courses de *résistance avec sac chargé* d'une durée progressive de cinq à dix minutes ;

3° Des courses de *vélocité* sur un parcours de 60 à 100 mètres, des *rallyes, courses au clocher* et des *jeux*.

Il est bon de recommander, à ce sujet, l'observation des principes suivants :

Faire toujours *précéder* et *suivre* les séances de pas gymnastique ou les courses, d'une marche au pas cadencé ou d'exercices respiratoires. Après un effort violent, la respiration met 2 à 3 minutes à redevenir normale ; le cœur, 5 à 10 minutes pour reprendre ses battements réguliers.

Surveiller l'*essoufflement*. Tant que la figure reste colorée (rouge vif) et le visage animé, il n'y a aucun danger ; il faut, au contraire, *arrêter* le travail, si la coloration est foncée ou bleuâtre ou si le visage devient pâle, avec pommettes violacées, si la face est inondée de sueur, enfin si la respiration est haletante.

Faire *visiter* par le médecin tous les hommes qui manifestent de la *fatigue* ou de la *courbature*. On remarque parfois des hommes à l'apparence vigoureuse qui présentent des symptômes de fatigue anormale ; on est disposé à les croire paresseux et souvent cette fatigue est réellement produite par une affection telle que : une *affection du cœur*, une *bronchite* suspecte, de *l'anémie*, un *goitre*, etc.

Enfin, le jeu, bien compris, qui permet de mettre en action tous les muscles du corps, est un excellent exercice *hygiénique* et un *passe-temps* agréable.

La pratique des jeux est de nature à donner de *l'attrait* à l'instruction, à en rompre la *monotonie* et à faire *diversion*.

A tous ces points de vue, il y a intérèt à les *introduire* dans l'instruction militaire dont la devise doit être *d'éviter la fatigue et l'ennui*.

On choisira des jeux auxquels *tous* les hommes puissent participer, car les spectateurs perdent leur temps et *ne s'exercent pas* (les **barres** et le **jeu du ballon** sont à recommander).

Il ne faut *pas* plus abuser des jeux que du reste : en leur accordant une demi-heure ou trois quarts d'heure au plus, très souvent l'après-midi, on restera dans une bonne moyenne.

La gymnastique d'**application** comprend :

1° L'*escrime à la baïonnette;*

2° Les exercices d'*équilibre* sur la poutre et le portique;

3° Les *escalades;*

4° Enfin, le parcours de la *piste d'obstacles* et autres exercices en terrains variés;

L'escrime à la baïonnette est à la fois

un exercice *physique* et un exercice de *combat*.

Elle donne au soldat de la souplesse, de l'agilité, de la force et de l'adresse.

On l'enseignera d'abord avec le fusil *sans baïonnette* et *sans équipement*. Ce sera surtout alors une gymnastique des jambes, des bras et de l'œil. On *ajoutera* la baïonnette et l'équipement quand l'homme sera maître de ses mouvements.

On commencera alors le travail au *mannequin suspendu*, qui sera suivi plus tard du travail au *mannequin suspendu mis en mouvement*.

L'instruction sera complétée par la *leçon d'assaut* et par l'*assaut* réel.

On peut faire confectionner, pour cet objet, des *fusils de bois*, au bout fortement *matelassé*.

Dans la progression à suivre, deux rangs armés de ces fusils se font face ; l'un deux a le rôle *offensif*, l'autre le rôle *défensif*. Le premier exécute les mouvements au commandement d'un gradé, l'autre fait les parades.

Quand les deux rangs ont *alterné* dans ces deux rôles et sont suffisamment exercés. on munit les hommes d'un masque d'escrime, on leur prescrit de s'envelopper le cou d'un mouchoir et on commande : « *Assaut* ». A ce commandement, les mouvements deviennent libres dans chaque groupe de deux combattants opposés.

On pourra même opposer deux ou trois assaillants à chacun des soldats les plus adroits et les plus agiles; mais il y aura toujours un officier présent pour les assauts.

Ecole du soldat. — Il convient d'abord de se rappeler qu'en fait de maniement d'arme, l'homme ne pourra montrer une certaine *habileté* qu'à la *fin* de la première période, quand son assouplissement sera complet, qu'il se *familiarise* avec la forme et la longueur du fusil, et qu'il saura le prendre par son centre de *gravité*.

Il faut donc se contenter *d'à peu près* au début et ne pas *exiger* une correction d'exécution, qui ne viendra qu'à la suite d'une *longue* pratique du travail individuel et *à force* de revenir sur les mêmes mouvements.

Pour introduire dans les exercices la *variété* que nous avons tant préconisée, on aura soin de faire marcher de front lés différentes parties de l'école du soldat : maniement de l'arme (1), charge,

---

(1) Il est entendu que l'escrime à la baïonnette

positions du tireur, marches et exercices pour le combat.

Mécanisme du fusil et de la charge. — C'est le protecteur, avons-nous dit, qui *commencera* cette instruction dans la chambre ; il lui apprendra à *démonter* et à *remonter* son arme tout en causant, et les résultats de cette instruction individuelle et pratique vaudront mieux que toutes les théories faites à des classes de 6 ou 8 hommes réunis autour d'un gradé. Il sera même possible d'expliquer, par la même occasion, les principes et le mécanisme de la *charge* et *du tir*, indépendamment de la position du corps et des bras.

Positions du tireur. — Il faut commencer par de véritables exercices *d'assouplissement* sans arme. L'instructeur fait prendre, en *expliquant* la raison de chaque mouvement, la position du *corps* et celle des *pieds*, fait *élever* le bras droit à hauteur de l'épaule et enfin prendre au bras *gauche* sa position. Chacun de ces mouvements est répété un grand nombre de fois par chaque homme individuellement et rectifié par l'instructeur ; ce travail s'exécute sans fatigue, puisque les hommes n'ont rien dans les mains.

---

dont il est question dans le règlement sur la gymnastique, fait partie de l'école du soldat.

Quand l'assouplissement est suffisant et la position connue, on la fait prendre *avec* l'arme, puis avec le sac *vide* que l'on chargera plus tard *progressivement*.

La même méthode rendra d'excellents services pour les autres positions, à condition d'expliquer *toujours* aux hommes pourquoi les mouvements doivent se faire ainsi et pas autrement.

Il faut, dans ces exercices, de *fréquents* repos, car les positions sont fatigantes, et ce n'est que peu à peu qu'on arrivera à faire rester un certain temps *en joue*.

Pour diminuer la fatigue, on aura soin d'habituer les hommes à épauler *très rapidement* et à apporter *sans hésitation* la ligne de mire à hauteur de l'œil. C'est le moyen de *gagner* un temps précieux pour viser.

Les théories sur le tir devront être menées assez rapidement pour pouvoir *commencer* les tirs de très bonne heure.

Pendant la série des tirs, le capitaine ne devra pas hésiter à renvoyer les maladroits aux exercices *préparatoires*.

Terrain varié. — L'instruction en terrain varié devra être menée *de front* avec celle de la place d'exercice. On devra se rendre *journellement* dans la *campagne*.

On augmentera sensiblement *l'assouplissement* de l'homme à lui apprendre l'usage des obstacles du terrain, à l'accoutumer à se porter d'une position à une autre, en se montrant le *moins possible,* etc. Les mêmes exercices seront faits plus tard avec la section.

L'aller et le retour ne sont pas du *temps perdu,* puisqu'on peut les utiliser pour faire du maniement d'arme et des mouvements en marchant.

Écoles de compagnie et de bataillon. — Il est inutile, pour *commencer* les mouvements de l'école de compagnie ou de bataillon à rangs serrés, **d'attendre** que l'école du soldat soit terminée. Dès que les recrues savent mettre l'arme *sur l'épaule,* marcher de *front,* faire *demi-tour,* marcher *par quatre* et *s'aligner,* ils sont aptes à exécuter tous les mouvements de la *compagnie* et du *bataillon.* Ce n'est plus qu'une question d'instruction des cadres, et il y a intérêt à tenir en tout temps les cadres *en haleine.*

Si pendant toute l'année, sauf pendant le mois qui suit l'arrivée des recrues, on consacre une heure au plus par semaine à l'école de compagnie ou de bataillon a rangs serrés, l'instruction théorique et pratique des cadres sera toujours *maintenue* et, pendant les périodes dont le programme comporte l'exécution de ces différentes écoles, on n'aura que des séances **peu nombreuses** et de courte durée à consacrer à *l'ordre serré :* les exercices en terrain *varié* et les exercices *d'application* pourront être *plus fréquents,* et ce sont ceux dont il importe de s'occuper le plus.

A l'appui de la nécessité qu'il y a de faire de l'école de compagnie et de bataillon *toute l'année,* on peut encore rappeler qu'*en toute saison* la troupe doit être **prête à entrer en campagne ;** il n'est donc pas rationnel qu'elle né s'occupe des mouvements d'ensemble qu'*à la fin* de l'instruction.

Instruction par compagnie des élèves-caporaux. — D'après le règlement, chaque capitaine est chargé de former *lui-même* ses élèves-caporaux et ses cadres.

On n'est jamais mieux servi que par *soimême.* dit le proverbe; chaque capitaine sera donc servi à son gré. Il a dans ses officiers et ses gradés *tous* les éléments nécessaires pour le *dressage* de ses élèves-caporaux, qu'il peut d'ailleurs *étudier* tout à son aise au point de vue de *l'application,* du *zèle,* de l'*énergie* et de l'*instruction,* **avant** de les classer comme candidats à l'avancement.

Quand son choix est fait, il désigne l'un

de ses officiers assisté d'un sergent et de deux caporaux (suivant ses ressources) pour être *chargé* de l'instruction pratique et théorique de ses candidats à l'avancement.

Plus tard, il pourra *adjoindre* ces élèves à des caporaux, sous la direction desquels ils apprendront à *remplir* leurs fonctions futures. *Adjoints* au caporal de chambrée, au caporal de semaine, au caporal d'ordinaire, ils apprendront *pratiquement* les devoirs du caporal dans ces *diverses* situations.

Il en sera de même sur le *terrain*, où le caporal montrera à son élève à *conduire* une escouade, une *patrouille*, à commander un *petit poste*, etc.

Ces sortes de stages seraient tout aussi avantageux pour l'avancement au grade de sous-officier; rien n'empêcherait d'adjoindre d'abord chacun des caporaux **proposés** à un *sergent* pour apprendre son métier, et c'est ainsi que le capitaine pourrait se ménager une *pépinière* de sujets **tout préparés** à combler les vacances.

On reproche à ce système d'obliger le commandement à nommer les caporaux dans les *mêmes* compagnies où ils ont servi comme *soldats*; on craint de les voir *manquer* de prestige et d'autorité sur leurs anciens camarades. Mais on oublie que les hommes sont *d'excellents* juges, et qu'ils sauront très bien reconnaître qu'un tel a été nommé caporal parce qu'il était *le plus digne;* ils seront d'autant plus *disposés* à lui *obéir* qu'ils le connaîtront mieux.

Il n'y a aucun inconvénient, dans l'armée française, à faire tous ses grades, jusqu'à celui d'adjudant, dans la *même* compagnie. Formés par le *même* chef, d'après une méthode *unique,* ces cadres faciliteront singulièrement le commandement du capitaine et donneront une *cohésion* presque parfaite à l'unité.

On reproche encore à ce système de produire de grandes *dissemblances* d'une compagnie à l'autre, de nuire en un mot à *l'uniformité* de l'instruction dans le corps; mais le chef de bataillon n'est-il pas là pour *s'en apercevoir* et pour rétablir le *niveau* entre ses quatre compagnies? C'est presque même la seule manière de faire sentir son influence pendant l'instruction. Au-dessus du chef de bataillon se trouve le lieutenant-colonel, pour faire marcher *de front* les trois bataillons et pour *rappeler* à l'exécution du règlement. Cette crainte est donc chimérique, et, si elle est fondée, c'est que quelqu'un *ne fait pas* son devoir.

Dans tous les cas, il n'y a que des avantages à laisser à chaque capitaine le soin de former *lui-même* ses élèves-caporaux. Sachant qu'il travaille pour son propre compte, il déploiera d'autant plus de zèle et cherchera à obtenir de *meilleurs* résultats que son voisin.

L'*émulation* est un **puissant stimulant** qu'il faut toujours mettre en jeu quand il est *possible* de le faire.

CHAPITRE V

COMBAT

Nous avons vu l'officier aux prises avec les difficultés de *l'éducation* et de *l'instruction* du temps de paix ; nous avons fait ressortir les *vertus,* les *capacités* supérieures qui lui étaient nécessaires pour être à hauteur de sa tâche. Il nous reste à voir comment il **met en œuvre** au combat ses solides qualités.

Obéissance aveugle. — L'un des principaux éléments du succès est une *obéissance aveugle* aux ordres donnés. Quand un chef de troupe reçoit un ordre, que la mission lui paraisse *exécutable ou non,* il faut qu'il n'ait d'autre idée que de **l'exécuter à fond,** *sans compter* les ennemis qu'il a devant lui.

Il peut être nécessaire, en effet, de *sacrifier* une troupe pour permettre aux autres parties de l'armée de *remporter* la victoire et peut-être de *sauver* la Patrie. Il n'est pas de plus grand honneur que celui d'être *choisi* pour cette périlleuse et noble mission, car c'est **la preuve** qu'on a une *haute* *idée* de votre patriotisme et de votre abnégation.

Mais la situation ne se résout pas toujours d'une façon aussi tragique. Une troupe qui a fait le *sacrifice* de la vie peut souvent, par son attitude et son entrain, par l'audace et l'habileté de son chef, *mettre en déroute* une fraction **bien supérieure** en nombre et rendre ainsi de signalés services sans essuyer de **grandes** pertes.

« Dans une situation extraordinaire, **a** dit Napoléon, il faut une résolution extraordinaire..... Que de choses paraissent impossibles, qui cependant ont été faites par des hommes résolus qui n'avaient pas d'autre ressource que la mort. »

Abnégation et sang-froid. — L'officier *prêche* surtout *d'exemple* en campagne. Pour être tout entier à son rôle d'entraîneur sur le champ de bataille, il faut qu'il pousse **au plus haut degré** le complet *oubli* de lui-même, c'est-à-dire *l'abnégation.* Au plus fort de la lutte, sous le feu le plus violent, son *sang-froid* ne doit jamais l'abandonner. Le cœur *chaud,* la tête *froide,* il conservera **l'entier usage** de ses facultés, pour se rendre, à chaque instant, un compte *exact* de la situation. Il ne devra pas oublier surtout que la recrudescence du feu *précède* généralement *l'assaut* ou annonce un coup de *vigueur*.

C'est donc le moment de redoubler d'attention.

Nécessité de l'ordre. — Le règlement (1) insiste sur la nécessité du *maintien de l'ordre* pendant le combat. Les officiers et les sous-officiers doivent s'y employer avec *énergie* et « retenir à leur place, par *tous* les moyens en leur pouvoir, les militaires sous leurs ordres ».

Autrefois, avec les soldats de *carrière,* l'ordre *serré* et son *encadrement* solide, le maintien de l'ordre était assuré. Il n'en est plus de même avec les masses plus nerveuses et plus *impressionnables* de l'armée nationale, avec la formation en ordre *dispersé,* et c'est pourquoi l'on doit chercher à donner assez de force au sentiment du *devoir* pour qu'il *suffise* à maintenir le soldat à sa place.

Dans tous les cas, l'officier devra avoir une attention extrême à *enrayer,* avant qu'il puisse se propager, tout mouvement de *recul* irréfléchi.

Initiative. — Le *principe* de la con-

____

(1) Service des armées en campagne.

duite des troupes au combat est *basé* sur l'*initiative* **à tous les degrés** de la hiérarchie. Du haut en bas de l'échelle, on doit se borner à indiquer clairement l'*ensemble* de l'opération et la *mission spéciale* confiée à la troupe qu'on fait marcher, en *laissant* au chef direct de cette troupe le **soin d'employer** les moyens réglementaires ou ceux que lui inspirent son expérience et son instruction.

Nous avons vu déjà que, pour être à hauteur de leurs fonctions, la *diversité* et la *soudaineté* des phases du combat moderne obligeraient les officiers de tous grades à posséder une somme *considérable* de connaissances et à *savoir* les appliquer, *sans attendre d'ordre* et *sans hésitation*, à la situation du moment.

« Un chef qui est chargé d'une responsabilité, dit le maréchal Soult, ne peut pas prendre ses conseils du hasard : il doit tout peser et tout calculer. *Ce qu'on appelle une inspiration n'est qu'un calcul rapidement fait.* »

Dans ce calcul, on ne doit jamais *perdre de vue* l'ensemble de l'action.

Solidarité. — Toutes les fractions d'une même unité doivent être prêtes à se *secourir* mutuellement et même à se *sacrifier* dans l'intérêt général.

« Celui qui s'aime plus qu'il n'aime sa compagnie est indigne de sa compagnie; celui qui aime sa compagnie plus que son bataillon est indigne de son bataillon, et ainsi de suite. Chacun, sans doute, a bonne envie de vivre ; mais ne vaut-il pas mieux aussi qu'un seul membre périsse plutôt que tout le corps? Car, si le corps périt, le membre ne périra-t-il pas en même temps ? » (1)

Ce principe était autrefois mentionné en ces termes dans l'école de bataillon : « *La solidarité entre les compagnies est un devoir essentiel qui engage l'honneur militaire de ceux qui les commandent.* »

Mais cette camaraderie de combat, cette solidarité ne doit pas lier seulement les éléments d'une *même* unité.

Le but du combat étant la **destruction de l'ennemi,** toute autre considération disparaît et c'est vers le but commun que doivent *converger* les efforts *combinés* des différentes armes. Dans leur action commune, les troupes de toutes armes se *doivent* aide, assistance et dévouement mutuels pour arriver *plus rapidement* à la victoire.

---

(1) Général Dragomiroff.

Paris et Limoges. — Imp. milit. Henri CHARLES-LAVAUZELLE.

9 782329 695907